Dom Helder Camara

Rosas para meu Deus

Dados Internacionais de Catalogação na Publicação (CIP)
(Câmara Brasileira do Livro, SP, Brasil)

Camara, Helder, 1909-1999.
　　Rosas para meu Deus / Helder Camara. – 7. ed. – São Paulo : Paulinas, 2013.

　　ISBN 978-85-356-3591-1

　　1. Maria, Virgem, Santa - Meditações I. Título.

13-06979　　　　　　　　　　　　　　　　　　　　CDD-248.34

Índices para catálogo sistemático:

1. Meditação marianas : Prática religiosa : Cristianismo 248.34
2. Reflexões marianas : Prática religiosa : Cristianismo 248.34

Organização e seleção dos textos
Ir. Maria do Carmo Pimenta, rsf
(obras de Frei Francisco)

Revisão e preparação dos originais: *Mônica Guimarães Reis*
Editoração: *Salomão Filho*
Foto capa: *Cipriani*

7ª edição – 2013
1ª reimpressão – 2018

Nenhuma parte desta obra poderá ser reproduzida ou transmitida por qualquer forma e/ou quaisquer meios (eletrônico ou mecânico, incluindo fotocópia e gravação) ou arquivada em qualquer sistema ou banco de dados sem permissão escrita da Editora. Direitos reservados.

Paulinas
Rua Dona Inácia Uchoa, 62
04110-020 – São Paulo – SP (Brasil)
Tel.: (11) 2125-3500
http://www.paulinas.org.br – editora@paulinas.com.br
Telemarketing e SAC: 0800-7010081

© Pia Sociedade Filhas de São Paulo – São Paulo, 1996

Apresentamos aos leitores

Meditações

sobre ROSAS-símbolo do AMOR.

Homenagem

ao

JUBILEU SACERDOTAL

de

Dom Helder Camara

1931 – 15 de agosto – 1996

"Impossível, maneira mais bela de louvar nosso Deus."

D. Helder

1

SÓCIO DE DEUS

Hoje,
todas as minhas roseiras
amanheceram floridas.
Subirei à montanha santa
com uma braçada de rosas.

Chamo as roseiras de minhas
porque as plantei
e delas trato
com enorme carinho.

Mas, as rosas,
quem as abre,
quem as veste,
quem as perfuma
és tu.

Nem por serem
do chão do exílio
hás de rejeitá-las.

Já experimentaste
levá-las à eternidade?

2

PRIMÍCIAS

Nossa Senhora das Rosas,
eu te ofereço
o primeiro botão
da minha roseira adolescente
– é belo e discreto
como um sorriso
em lábios amáveis e tímidos...

Nossa Senhora de Belém,
cercada de pastorinhos,
envolvida por ovelhas.
Se eu te der mais uma,
a primeira nascida de Confiança
– ovelha que Deus me deu –,
terás braços para recebê-la?

Nossa Senhora da Bela Oferenda,
meu trigal amadureceu ao Sol da Graça
e eu te fiz com as próprias mãos
uma hóstia sem mancha...

Na vinha de que sou guarda
e que pertence a Deus
rebentaram as primeiras uvas
que esmaguei no meu lagar
pra ter vinho do Senhor.

Nossa Senhora das Primícias,
recebe o primeiro vinho,
o primeiro trigo,
a primeira ovelha,
a primeira flor!

3

MINHA ROSEIRA ACORDOU FELICÍSSIMA

Um de seus galhos
– como eu tanto desejava –
está mais alto que o muro
e amanheceu
com uma linda rosa
na extremidade...

É de ver-se
a gentileza
com que ele saúda os que passam,
e com que ela desprende
seu melhor perfume
como mensagem de amor...

4

INTÉRPRETE TÍMIDO DE IRMÃS TIMIDÍSSIMAS

Senhora,
como as rosas são tímidas!
Nem mesmo em perfume
– a mais discreta de todas as linguagens –
tiveram ânimo de pedir-te
o que me pediram para te pedir
no começo do mês sagrado
que, sendo teu, também é delas.

Desejam
– e enquanto te falo estão vermelhas de pudor –
pedir tua proteção materna
no sentido de obteres de Deus
a ressurreição das rosas.

Custam a crer
que o instante efêmero de beleza
que realizam na terra
desapareça para sempre.

E prometem, Rosa Mística,
envolver-te de perfume suavíssimo,
para onde quer que te voltes no céu!

5

Rosas róseas,
rosas brancas,
rosas vermelhas,
rosas amarelas...
Já viste rosas
chamadas negras?
E rosas lilazes?
E rosas azuis?

De que cor és tu,
Rosa Mística?
Eu te descubro
em cada rosa que se abre...
Comtemplo-te,
aspirando alegria,
bebendo paz...

Mas dize-me em segredo:
qual a tua cor verdadeira,
Rosa Mística?

Já sei:
Tu te vestes
segundo as circunstâncias,
feliz com os felizes,
triste com os tristes.

6

As rosas do altar
– lindas rosas vermelhas! –
uniram-se a nós, pecadores,
rezando o Confiteor...

E tendes pecados, queridas rosas?
Desprezo pelos espinhos, vossos irmãos?
Vaidade por tanta beleza?
Sentimentos suscitados
pelo rubro
de vossas pétalas?

Realizais de tal modo
os sonhos de beleza
do Criador e Pai,
dais um testemunho tão alto
de seu poder e de sua bondade,
que só um olhar mesquinho
e cheio de malícia
descobrirá falhas em vós.

7

As rosas me segredam
que, nos planos do Pai,
cada rosa nasce
para louvar
um aspecto
do ser,
da vida,
ao papel
da Rosa Mística
e Mãe do Belo Amor.

Quando vires uma rosa
procura decifrar
de que maneira exprime
uma das inúmeras facetas
da riqueza inesgotável
da Mãe querida...

8

Viste, Rosa Mística,
como nossa roseira
pressentiu
o início de teu mês?
Contaste
quantas rosas lindas
e quantos botões
abriu ou entreabriu
em teu louvor?
Impressão minha
ou está como nunca
o perfume
do nosso jardim?!

9

Mãe, há rosas que me lembram
teu sorriso de criança
ao subir pela primeira vez
a escadaria do Templo...

Há rosas que me lembram
teu sorriso adolescente
ao noivar com José.

Há rosas que me lembram
teu sorriso
felicíssimo e permanente
da Anunciação
à noite de Natal,
com o cântico dos Anjos,
a chegada dos Pastores,
e a visita dos Magos...

Há rosas que me lembram
teu sorriso alegre-triste
vendo teu Filho partir
para sua missão de Libertador...

Há rosas que me lembram
teu sorriso triste, tristíssimo
ao ver na Cruz,
e depois, morto em teus braços,
teu Filho,
o Salvador do Mundo.

Há rosas que me lembram
teu sorriso contagiante
vendo o Ressuscitado;
teu sorriso celeste
ao seres arrebatada
em corpo e alma
para a Casa do Pai!

10

Botões de rosas,
rosas entre-abertas,
rosas abertas,
rosas se despetalando...

Sabes, Mãe querida,
em toda rosa te descubro,
nas diferentes fases
de tua vida.
Ainda hoje, não sei
quem mais me encanta
se Maria-menina,
Maria adolescente,
Maria, mulher e mãe,
Maria viúva,
após a morte de José
e, sobretudo,
após a morte do
Filho amado!

11

ET TERRA GERMINET SALVATOREM

Minha emoção,
ao ver a terra germinando,
é a palavra do Profeta:
"Quem sabe
se no meio dos lírios e das rosas
a terra vai germinar
o Salvador?"

12

PALAVRAS E PALAVRAS

As pessoas falam
e as palavras rebentam nos lábios em
formas inesperadas.

Há lábios que só se abrem
para bolhas de sabão,
por vezes coloridas,
mas tão frágeis!

Há lábios que parecem jarros
com flores de papel.

E há, também, lábios
que ao menos em certos instantes
deixam surgir
rosas frescas e vermelhas
que a gente colhe
com as duas mãos.

Avany Anísia Alves

*Desfazendo-se em pétalas
e em perfume...*

13

RAZÃO PROFUNDA DE UMA
AMIZADE FRATERNA

As rosas
que enchem de perfume e de beleza
o instante efêmero
de passagem pela vida,
rendem ao Deus eterno
o louvor humilde e silencioso
que eu te desejaria prestar no exílio,
meu grande Deus!

14

A UMA ROSEIRA

Não quero as tuas rosas
(e, no entanto, sabes
quanto me comovo diante delas,
pois para mim representam
o que existe
de mais fino, de mais puro,
e de mais belo!).

Não quero as tuas rosas
(mesmo porque sempre penso:
asas em pleno azul,
crianças em liberdade,
flores onde Deus as pôs).

Quero apenas, roseira amiga,
que me ensines o segredo
de transformar – perdoa! – estrume
tão feio e repugnante
em pétalas tão leves e perfumadas!

15

Galho da roseira querida!
Querendo ser amável,
querendo oferecer rosas
a quem chega,
foste o mais longe
que podias ir...
Quem abre a porta
te encontra.
Corres o risco
de machucar-te,
de cada vez...
E saber
que nem de longe
se trata
de enxerimento teu,
de impertinência tua...
Tua atitude
é pura e simplesmente
transbordamento
do muito amor
e do imenso desejo de servir
que carregas contigo.

16

PODE SER E PODE NÃO SER

Rosas,
por que sendo tão efêmeras,
que mal durais um dia,
sois para mim
lembrança vivíssima
do Deus Eterno?

Por que sendo tão frágeis,
que um sopro é capaz de desfazer-vos,
me falais tanto
do Deus Onipotente?

Por que vos lanço interrogações
se nem me podeis responder?

Não sei se foi resposta divina
ou gratidão das rosas:
neste instante,
um perfume suavíssimo
delas se desprendeu,
dizendo tudo em sua linguagem muda
e valendo como um sorriso do céu.

17

Rosa envolvida em plástico:
prisioneira?
Homens, meus irmãos,
é demais!
Que ao menos as rosas
sejam livres!

18

Rosas, que impressão vos causa encontrar
crianças, jovens, senhoras,
usando o vosso nome?

Qual o mínimo de exigência
para usar nome tão belo?

É preciso ser bela?

Basta beleza interior?

Ou o mais importante
é ter mãos, lábios e olhar
que distribuam
perfume e doçura?

19

CÂNTICO AO CRIADOR DAS ROSAS

Pelo amor das rosas,
eu te agradeço
a diversidade das flores.

Se rosas e apenas rosas
víssemos
em todos os jardins
de todos os tempos e todos os climas,
pararíamos comovidos
diante da beleza e do perfume
da rainha das flores?

O que mais te agradeço,
em nome de minhas irmãs,
é a diversidade de rosa a rosa
pois, a rigor,
cada uma é única
pela roupagem incomparável
com que a vestiste,
pelo perfume inconfundível
que é a tua maneira divina
de dar nome a cada uma...

20

Roseiramente falando
tinhas razão,
roseira querida,
de andar triste.

Sofreste póda cruel.
O Sol
vem sendo inclemente.
Surgiram lagartas
devorando tuas folhas.

No entanto,
no domingo da alegria,
como se fosses alegria viva
e só alegria,
amanheceste coberta
por mais de 20 rosas!

21

AH! SE ME ENTENDESSES!

Tu me disseste, chorando,
que tens um vestido só.
Já te lembraste de perguntar às rosas
quantos vestidos elas têm?

22

NEM SALOMÃO EM TODA A SUA GLÓRIA

A entrada do salão de festas,
ao qual chegavam
damas elegantíssimas,
descobri um jarrão de rosas vermelhas.

Notei, comovido,
que as jovens mais ricas
– de mais fineza e de mais gosto –
estavam longe de possuir
a veste inconfundível
que o Pai tecera
para a mais anônima das rosas.

23

FLOR ÚNICA NO MUNDO

A vida inteira
podem raciocinar
que flores como a minha
existem milhões, milhões.

Como convencer
que não é só a minha,
mas que toda e qualquer flor
é inconfundível
e única?

24

Rosa Mística, rainha das rosas:
Pedem-me que eu te peça
– obtenhas do Pai –
que desapareçam os espinhos das roseiras.
Perdoa, Senhora:
uma intuição me afirma,
no mais íntimo de mim mesmo,
que o espinho
é da essência da rosa,
como o sofrimento
é da essência da vida.

25

As rosas bailam, felizes,
nos braços do vento,
saudando os botões que rebentam
e serão rosas
antes do amanhecer.

Que importa
que ao se abrirem as novas rosas,
as rosas de hoje
estejam murchando,
desfazendo-se em pétalas
ou jogadas ao lixo,
sem compaixão!?

O essencial para as rosas
é que se perpetue
o milagre de beleza.

A terra morreria de tédio
se mesmo,
por um só dia,
a beleza se eclipsasse.

26

QUEM NÃO MUDA, QUERIDA PÉTALA?

A pétala de rosa
guardada com tanto amor
entre as páginas de um livro
se constrange, profundamente,
quando chamo atenção
sobre ela.
Diz-me sempre, baixinho,
que a não ser meus olhos
– que a viram pétala viva
em seu segundo de beleza plena –
e meu coração
– para quem ela tanto representa –
ninguém entenderá
que se guarde,
com tanto carinho,
uma sombra de sombra.

27

Mostrei, rindo, à roseira,
que se acha à beira-lago,
como seu reflexo nas águas
tornam suas rosas
ainda mais belas.

Tive a impressão
de que as rosas não gostaram
de precisar das águas
para parecerem mais belas.

28

ASSIM, NÃO!

Que entrasses, de noite, em minha casa,
que pulasses, escondido, o meu muro
e roubasses minhas rosas,
eu estaria propenso
a quase agradecer-te
pelo bom gosto
de, a tudo,
preferires as rosas.

O que me deixa triste
e quase tentado a perseguir-te
ou ao menos denunciar-te
é o crime
de teres, depois,
vendido as minhas rosas.

*Subirei
à montanha santa
com uma braçada
de rosas...*

29

ROSAS, ENSINAI-ME:

É da essência das roseiras
ter espinhos?

Não há contra senso
em criar beleza
e cercá-la de pontas
agressivas,
que lembram
cercas de arame farpado
ou muros
com cacos de vidro!?

Como saber
a medida exata
das folhas de uma roseira:
quando são de-menos
ou de-mais!?

Pode haver rosas
sem perfume?

O que fazem as rosas
que atravessam
temporada difícil
sem se sentirem
sem mensagem a transmitir
através do aroma?

30

Por que tens espinhos, querida roseira?

Entendo agora:
Sofres com eles,
pois te humilham.

Abririas mão, gostosamente,
da defesa,
que não é defesa
e serve apenas para imitar.

Como o Pai te ama!
Quis proteger
tua humildade,
vendo
que corrias perigo sério
de envaidecer-te.

31

É MUITO OU POUCO TER QUATRO ESPINHOS?

Que os meus espinhos, Senhor,
sejam faz-de-conta,
que não firam ninguém,
apenas completem a flor
e sirvam de consolo
a quem sente as agruras da vida.

32

TUA ROSA COM TRÊS ESPINHOS

Senhor,
em plena batalha
me pões uma rosa na mão?

Quem sou eu
para discutir contigo?

Protegerei tua rosa
mais do que meu peito,
minha cabeça,
meus olhos.

33

PARA QUE SERVEM OS ESPINHOS?

O grave, o triste
é que, por sua vez,
os espinhos,
intrigados, indaguem
para que servem
as folhas,
as flores,
o perfume.

34

Diante dos outros te defendo.
Mas, afinal, rosa,
não serias mais bela
se não te eriçasses em espinhos,
como virtude
que se torna agressiva
ou muro que se protege
com cacos de vidro?

35

PERFUMES...

Do velho muro saía
um tufo de jasmins.
E um perfume suavíssimo
se desprendia
e acompanhava os caminhantes distraídos
como um favor prestado às ocultas
ou um carinho
que não pensa em retribuição.
Da rosa desfeita,
cujas pétalas rolavam no pó,
erguia-se
um odor suave,
discreto, como o apoio silencioso
de quem não diz palavra
mas está presente como ninguém.
Da alma
sazonada pela Graça
evolava-se
um cheiro delicadíssimo
– de jasmim? de rosa? –
odor do céu,
perfume de Deus!

36

BELAS DEMAIS PARA OS HOMENS

Queixei-me do vento
que, ao passar, desfez as rosas
que envolviam de perfume
o altar do Senhor.
Nem as rosas,
nem Deus
me aprovaram a queixa.

Notei, confuso,
que eu desejava
para a alegria de meus olhos
as belas flores que só tinham um anseio:
o louvor ao Altíssimo.

37

ELAS ESPERAM POR TI

Dá às rosas
um olhar de inteligência
e de carinho,
estremece diante delas
pensando em Deus
e verás
que se tornam ainda mais belas
e que só então atingem
a plenitude
de suas horas fugazes.

38

ELOGIO DOS ESMAGAMENTOS

Para uma gota de perfume
quantas flores
tens de esmagar?
E para uma gota de virtude?
E para uma gota de paz?

QUINTESSÊNCIA

Cem quilos de pétalas de rosas
concentraram-se
no minúsculo frasco de perfume
que tive nas mãos.

Desejei, Senhor,
poder dispor
de todas as pétalas,
de todas as rosas,
de todos os lugares
e de todos os tempos.

Desejei
poder reduzi-las a perfume.

Não te preciso dizer
nem para que,
nem para quem.

40

O AMOR É O PERFUME DAS ALMAS

Haverá coisa mais triste
do que rosa sem perfume?

Dá ideia de farsa,
de imitação...

Lembra rosa de papel.

41

A rosa me segredou:
"Olham para mim
e me cobrem de louvores
sem o mais leve pensamento
para a água que me alimenta,
a seiva que me nutre,
o ar que respiro,
a luz sem a qual
nem me apraz viver..."

E acrescentou,
com perfeita humildade:

"Sem falar
nos mistérios que me escapam...

Donde vem, afinal,
o perfume
que é a minha mensagem,
a minha oferenda,
a minha razão de ser?!"

42

Não te parece, Rosa Mística,
que as rosas
– todas as rosas –,
depois de um dia de esplendor,
deveriam
desfazer-se em perfume,
sem a humilhação
de se despetalarem,
num desgaste
meio ofensivo
a filhas prediletas de Deus!?

43

As rosas de um roseiral
acharam tão perfeitas
as rosas artificiais
de um buquê de noiva
que logo imaginaram
ceder cada uma
um pouco da vida breve
para que as irmãs rosas
participassem da vida.

As rosas
criadas por mãos humanas
– participando do orgulho humano –,
sorriram, pensando:

"Pobrezinhas!
Quando amanhã
estiverem todas despetaladas,
rolando pelo chão,
ainda e sempre
seremos rosas".

44

A rosa artificial,
sempre a mesma,
sempre igual,
sem uma pétala caindo,
faz-me entender
porque,
na caminhada de peregrino,
me irmano muito mais
com o efêmero.

Prefiro mil vezes
a rosa frágil
que, em um dia,
antevive a eternidade
– as rosas ressuscitarão! –
do que a aparência
de perenidade.

Avany Antsia Alves

*Em plena batalha
me pões
uma rosa na mão.*

45

AO MENOS COMIGO SEDE NATURAIS

Que humilhação terrível
ser artificial!
Parecer flor,
parecer perfumada.
Fosse taumaturgo
e mudaria em rosas verdadeiras
estas pobres e humilhadas rosas artificiais.

46

Uma rosa de plástico
pediu-me por tudo
que lhe insuflasse vida.

Tentei lembrar
que ela tinha beleza
quando no ouvido
segredou-se
seu soluço de quase-rosa:

"Preciso de seiva correndo em mim.
Quero perfume
que venha de minhas entranhas,
quero espinhos de verdade.
Não me conformo
em ser faz-de-conta,
em ser ilusão".

47

Exulta se sentires.
Não sentes
que morres um pouco
ao murcharem tuas rosas?

FÁCEIS DE MURCHAR

As montanhas e as estrelas
devem ter para as pessoas
o mesmo olhar compassivo
com que vemos as rosas,
tanto mais efêmeras
quanto mais belas.

49

O QUE DURA MAIS QUE UM DIA?

Tu me perguntas
se rosa
é presente que se ofereça
dado que em dois tempos murcha
como triste lembrança
do amor
que não sabe durar.

Mas, o que temos na terra
que dura mais que as rosas?

SIC TRANSIT GLORIA MUNDI

Muito aberta,
envelhecida,
com as primeiras pétalas caindo;
nem lembrava mais
a jovem rosa que eu
comtemplara na véspera.

51

SÓ DEUS É JUIZ

Não reclames contra a rosa
que se abriu,
a teu ver,
excessivamente.
O que parece demasia
a teu senso estético,
talvez Deus interprete
como correspondência plena
aos dons recebidos do Alto.

ACREDITE QUEM QUISER

De quem seria a lembrança
de oferecer
à jovem que se abria para a vida
um punhado de rosas murchas?

Presente de algum despeitado
que não se viu correspondido
em seus sonhos de amor?

Aviso de malefício
tentado por alguma invejosa
porejante de ciúme?

Um recado misterioso de Deus
à embriagada flor humana
tão esquecida
de que maior que a beleza das rosas
só a sua fraqueza e efemeridade?

*O essencial para as rosas
é que se perpetue
o milagre de beleza.*

A BELEZA É FUGAZ?

Que importa
que as rosas vivam horas
se nos arrebatam do espaço e do tempo
no instante de beleza
em que põem o Eterno
ao alcance de nossas mãos!?

O ETERNO NOS VISITA

Nas rosas e na juventude
é-nos grato saudar
o instante fugidio
em que a beleza
pisa o chão dos homens
para logo voltar
à sua casa da eternidade.

ROSA ETERNA?

Já experimentaste
falar em "rosa eterna"
diante das rosas,
tanto mais belas
quanto mais frágeis
e mais efêmeras?

Para elas
– é a minha impressão –
ouvir falar em "rosa eterna"
deve lembrar o horror
de rosas plásticas.

56

As 15 rosas
que faziam a roseira vergar,
ao peso de tanta beleza,
indagaram, tagarelas,
se é verdade ou lenda
que as rosas
ressuscitarão.

Quando garanti que sim,
crivaram-me de perguntas:

Se haverá folhas,
se haverá espinhos,
se a beleza será maior,
se será mais intenso o perfume...

Triste de nós
se o céu
não guardasse segredos,
mistérios,
e não chegasse a ser
uma surpresa permanente!

57

CONVERSA COM UM MORTO QUERIDO

Agora teus olhos contemplam flores
diante das quais as da terra
empalidecem,
exceção feita para as rosas
que no chão dos homens e das
mulheres
lembram ao vivo
as roseiras do céu.

SABER MORRER

Gosto das rosas
que ao invés de murchar
soltam as pétalas,
como quem vai ao encontro da morte
e aceita os holocaustos
sugeridos pelo Senhor.

59

Rosa, cujas pétalas estão caindo...
Quando elas se desprendem de ti
não te sentes envelhecida,
a uma enorme distância
do que foste ontem?

Não te vem a tentação
de achar breve demais
tua vinda ao mundo,
teu surgimento
aos olhos dos homens e das mulheres?

Ou vivido
teu instante de beleza plena
preferes acabar
em puro louvor a Deus
desfazendo-te em pétalas?!

60

AMADURECER COMO AS ROSAS

Desfazendo-se
em pétalas
e em perfume...

61

ASPIRINA PARA AS ROSAS?

Quem inventou
que remédio para as rosas
se compra em farmácia?
O que alenta as rosas
é um olhar fraterno,
um sorriso
de compreensão e de amor!

62

REZEI EM AÇÃO DE GRAÇAS

Tem mais rosas do que folhas
a pequenina roseira.
Lembra as criaturas
que sem poupança
de todo se transformam
em amor ao próximo
e amor a Deus.

As rosas são as mesmas
no mundo inteiro
ou pesam
até sobre elas
as divisões, o racismo, o ódio?

Guerreiam-se
as rosas
dos países em luta
ou enquanto as bombas se cruzam
e os homens se matam,
as rosas enviam
para além
das fronteiras e dos ódios
sua universal mensagem de amor?

64

Rosas invisíveis.
Se tens consciência
de resistir, com serenidade,
a insultos grosseiros e vis;
se teu coração
te leva
a olhar com bondade,
a sorrir com alma,
a ter gestos fraternos
que só o Pai conhecerá;
se te esqueces de ti
para pensar no próximo;
se te sacrificas
para viver e fazer viver
justiça e amor em volta de ti,
olha em torno:
rosas,
invisíveis aos demais,
estarão rebentando
de todos os lados,
descendo do alto,
cobrindo-te de pétalas.

65

ROSAS PARA MEU DEUS

As derradeiras moedas que me sobraram
gastei-as, sem vacilar,
levando-te uma braçada de rosas.

Entendeste
o pedido silencioso
de meu gesto humilde?

Podes consentir
que o derradeiro alento de minha vida
eu o gaste, feliz,
curvando-me silencioso
diante de ti?

ÍNDICE

1. Sócio de Deus 5
2. Primícias 6
3. Minha roseira acordou felicíssima 7
4. Intérprete tímido de irmãs timidíssimas 8
5. Rosas róseas, ... 9
6. As rosas do altar 10
7. As rosas me segredaram... 11
8. Viste, Rosa Mística, ... 12
9. Mãe, há rosas que me lembram... 13
10. Botões de rosas, ... 14
11. Et terra germinet salvatorem 15
12. Palavras e palavras 16
13. Razão profunda de uma amizade fraterna 17
14. A uma roseira 18
15. Galho da roseira querida! 19
16. Pode ser e pode não ser 20
17. Rosa envolvida em plástico 21
18. Rosas que impressão vos causa 22
19. Cântico ao Criador das rosas 23
20. Roseiramente falando 24
21. Ah! Se me entendesses! 25
22. Nem Salomão em toda a sua glória 26
23. Flor única no mundo 27
24. Rosa Mística, Rainha das rosas: 28
25. As rosas bailam, felizes, ... 29
26. Quem não muda, querida pétala? 30
27. Mostrei, rindo, à roseira 31
28. Assim, não! 32
29. Rosas, ensinai-me: 33
30. Por que tens espinhos, querida roseira? 34
31. É muito ou pouco ter quatro espinhos? 35
32. Tua rosa com três espinhos 36
33. Para que servem os espinhos? 37

34 Diante dos outros te defendo............................ *38*
35 Perfumes *39*
36 Belas demais para os homens *40*
37 Elas esperam por ti *41*
38 Elogio dos esmagamentos *42*
39 Quintessência *43*
40 O Amor é o perfume das almas *44*
41 A rosa me segredou *45*
42 Não te parece, Rosa Mística, ... *46*
43 As rosas de um roseiral *47*
44 A rosa artificial *48*
45 Ao menos comigo sede naturais *49*
46 Uma rosa de plástico *50*
47 Exulta se sentires *51*
48 Fáceis de murchar *52*
49 O que dura mais que um dia?......................... *53*
50 Sic transit glória mundi *54*
51 Só Deus é juiz *55*
52 Acredite quem quiser *56*
53 A beleza é fugaz? *57*
54 O Eterno nos visita *58*
55 Rosa eterna? *59*
56 As 15 rosas *60*
57 Conversa com um morto querido *61*
58 Saber morrer *62*
59 Rosa, cujas pétalas estão caindo *63*
60 Amadurecer com as rosas *64*
61 Aspirina para as rosas? *65*
62 Rezei em ação de graças 66
63 As rosas são as mesmas *67*
64 Rosas invisíveis *68*
65 Rosas para meu Deus *69*

Impresso na gráfica da
Pia Sociedade Filhas de São Paulo
Via Raposo Tavares, km 19,145
05577-300 - São Paulo, SP - Brasil - 2018